Pfeiljunge und Geisterhunde

PFEILJUNGE UND GEISTERHUNDE

Indianermärchen

Erzählt von Käthe Recheis
Illustriert von Michael Ruppel

esslinger
atelier

Außerdem bei Esslinger erhältlich:
Brüder Grimm, A. Archipowa: Die schönsten Märchen der Brüder Grimm
Brüder Grimm, A. Archipowa: Die Brüder Grimm erzählen Tiermärchen
H. Ch. Andersen, A. Archipowa: Die schönsten Märchen von Hans Christian Andersen
H. Ch. Andersen, A. Archipowa: H. Ch. Andersen erzählt Wintermärchen

© 2003 Esslinger Verlag J. F. Schreiber
Anschrift: Postfach 10 03 25, 73703 Esslingen
Alle Rechte vorbehalten
ISBN 3-480-21491-6

Inhalt:

PFEILJUNGE UND
DIE GEISTERHUNDE

In den alten Zeiten gab es im Land der Indianer keine Pferde. Wanderten die Familien auf der Suche nach Büffeln durch das weite Grasland, mussten alle zu Fuß gehen. Ihre Zelte waren klein und auch sonst besaßen sie nicht viel, denn sie hatten als Tragtiere nur Hunde und die konnten keine schweren Lasten schleppen. Das Leben war mühsam, besonders für die alten Leute.

Damals lebte in einem der Indianerlager ein Waisenjunge, der taub war. Er hatte nie das Flüstern des Windes im Gras vernommen, er wusste nicht, dass die Vögel sangen und dass die Bäche plätscherten. Die Welt war für ihn stumm. Weil er nichts hören konnte, hatte er nicht sprechen gelernt. Und weil er sich nicht deuten konnte, was die anderen von ihm wollten, hielten ihn alle für einfältig.

Keine der Familien nahm ihn in ihr Zelt auf. „Dieser Junge ist zu töricht!", sagten sie. „Er taugt zu nichts."

Niemand war zu ihm freundlich, selbst die Kinder mieden ihn. Einst hatten ihn seine Eltern Pfeiljunge genannt, aber da war keiner, der ihn bei diesem Namen rief. Die meisten hatten vergessen, wie er hieß.

Wenn es am Abend in den Zelten verlockend nach Fleischsuppe roch, wagte der Junge nicht, sich an eines der Feuer zu setzen. Er wusste, dass man ihn doch nur fortjagen würde. Manchmal warf ihm jemand einen Brocken zu, aber satt wurde er davon nicht. Nachts schlich er aus dem Lager und schlief irgendwo im Gras unter einem Busch.

Eines Tages beschloss der Stamm, das Lager zu verlassen und in ein neues Jagdgebiet zu ziehen. Am nächsten Morgen, schon vor Sonnenaufgang, brachen die Frauen und Kinder die Zelte ab. Die Feuer wurden gelöscht,

die Hunde beladen. Alle waren fröhlich, die Kinder liefen lachend umher und konnten es kaum erwarten, hinein in das Grasland zu wandern, zu einem neuen, ihnen noch unbekannten Lagerplatz. Keiner dachte daran, dass der taube Junge nichts vom Aufbruch wissen konnte, keiner vermisste ihn.

Pfeiljunge schlief tief und fest abseits der Zelte in einer Mulde aus Gras und Laub. Als er wach wurde und ins Lager ging, war niemand mehr da. Die Asche in den Feuerstellen war erkaltet, nur noch kreisrunde Stellen im niedergetretenen Gras

zeigten an, wo die Zelte gestanden hatten.

„Sie sind fort!", dachte Pfeiljunge. „Mich haben sie nicht mitgenommen. Sie wollen mich nicht!" Und er setzte sich mitten im verlassenen Lager hin und weinte.

Die Sonne wanderte über den Himmel, erreichte den höchsten Punkt, wanderte weiter und begann sich zu neigen. Pfeiljunge war nun so hungrig geworden, dass er seinen Kummer für einen Augenblick vergaß und nach Abfall suchte. Er fand ein paar Bissen Fleisch und aß. Danach kuschelte er sich im Gras zusammen und weinte sich in den Schlaf. Am Morgen suchte er wieder nach Essbarem, aber nur noch von Hunden abgenagte Knochen lagen herum.

Pfeiljunge wusste, dass er vor Hunger sterben würde, wenn er hier blieb. Rundum dehnte sich das endlose Grasland bis zum fernen Horizont hin, der Himmel darüber war hoch und riesig groß. Die Vögel hatten ihre Morgenlieder angestimmt, kleines Getier huschte und raschelte im Gras, aber all diese Laute hörte Pfeiljunge nicht. Er war allein in einer stummen Welt. Noch nie hatte er sich so einsam gefühlt. Die Menschen im Lager waren nicht freundlich zu ihm gewesen, trotzdem begann er sich nach ihnen zu sehnen. Im hohen

Gras konnte er deutlich die Spur sehen, die sie hinterlassen hatten, er musste ihr nur folgen, dann würde er wieder bei ihnen sein.

Pfeiljunge fing zu laufen an, er lief und lief. Gegen Mittag quollen am Horizont Wolken auf und verdeckten die Sonne. Ein heftiger Sturm fegte über das Land. Regen peitschte das Gras. Über den düsteren Himmel zuckten grellweiße Blitze. Als Pfeiljunge in einem Gebüsch Zuflucht suchen wollte, schlug ein Blitz ganz in seiner Nähe ein. Gleichzeitig krachte es ohrenbetäubend. Ihm war, als zerspringe etwas in seinem Kopf, er verlor das Bewusstsein und fiel zu Boden.

Als Pfeiljunge wieder zu sich kam, war der Gewittersturm vorüber. Die letzten Wolken lösten sich im Blau des Himmels auf. Die Luft war frisch und rein, die Sonne schien und trocknete das nasse Gras. Pfeiljunge setzte sich verwundert auf. Zum ersten Mal in seinem Leben vernahm er Laute. Er hörte die Vögel singen, in allen Büschen flötete, zwitscherte, zirpte und pfiff es. Das Gras flüsterte im leichten Wind, der darüber strich. Ein Bach murmelte und plätscherte. Pfeiljunge hörte das Summen und Sirren der Insekten. Er hörte das Huschen einer Maus im Gras.

Der Junge, der nicht mehr taub war, lauschte staunend und wurde

nicht müde, all diese neuen Laute zu hören und sich daran zu freuen. Er sprang auf und breitete lachend die Arme aus. Die Welt war nicht mehr stumm!

Alle Angst war verflogen, nun war er voller Zuversicht. „Ich werde meine Leute finden", dachte er. „Ich muss nicht sterben, ganz allein im Grasland. Irgendwo haben sie ihr Lager aufgeschlagen. Ich brauche nur weiterzulaufen, dann bin ich bald bei ihnen."

In der Zwischenzeit hatte der Stamm einen neuen Lagerplatz am Ufer eines kleinen Flusses gewählt. Kinder und Frauen hatten die Zelte aufgeschlagen, die Männer waren auf die Jagd gegangen. Verstreut auf den Wiesen des Graslandes weideten Büffel, Falken kreisten oben am Himmel.

Stunden um Stunden war Pfeiljunge gelaufen, immer der Spur nach. Jetzt endlich sah er die Zelte am Flussufer, er sah die Männer, die auf der Jagd waren. Einer der Häuptlinge, ein alter Mann, der Abendwolke hieß, hatte eine junge Büffelkuh erlegt und war eben dabei, sie zu häuten und zu zerteilen. So hungrig Pfeiljunge auch war, er wagte nicht hinzugehen und um einen Bissen Fleisch zu bitten. Er setzte sich ein Stück abseits ins Gras und schaute den alten Mann und die erlegte Kuh unverwandt an.

Abendwolke blickte auf, sah den Jungen und hatte Mitleid mit ihm. „Er taugt zu nichts", dachte der alte Mann, „und doch war es nicht recht von uns, dass wir ihn zurückließen. Nein, das war nicht recht!"

„Junge!", rief Abendwolke.

„Komm her zu mir und iss!"

Zum ersten Mal in seinem Leben hörte Pfeiljunge einen Menschen sprechen. Obwohl er die Worte nicht verstehen konnte, spürte er, dass sie freundlich gemeint waren. Er stand auf und kam zögernd näher.

Häuptling Abendwolke reichte ihm die Leber und ein Stück Fleisch. Pfeiljunge aß und aß, noch nie hatte er so reichlich zu essen bekommen. Seine Augen begannen zu leuchten, er schaute den alten Mann dankbar und glücklich an.

„Dieser Junge ist nicht töricht!", dachte der Häuptling erstaunt. „Wie er mich ansieht! Wie lebhaft und klug seine Augen sind. Seine Eltern nannten ihn Pfeiljunge. Ich will mich seiner annehmen, mögen die anderen sagen, was sie wollen."

„Pfeiljunge", sagte Abendwolke, „in meinem Zelt ist Platz genug für dich. Von nun an sollst du mein Enkelsohn sein."

Wieder verstand Pfeiljunge die Worte nicht, aber er begriff, dass etwas geschehen war, das sein ganzes Leben verändern würde. Wie im Traum ging er mit dem alten Mann und folgte ihm ins Zelt.

„Hier ist mein Enkelsohn!", sagte Häuptling Abendwolke zu seiner Frau. „Er ist jetzt auch dein Enkel."

„Dieser einfältige Junge, der zu nichts taugt!", rief die Frau des Häuptlings. „Er wird nur eine Last für uns sein. Wir beide sind alt, wie kannst du so etwas tun? Alle im Lager werden über uns lachen."

„Lass sie doch lachen!", antwortete Abendwolke. „Ich weiß, was ich tue, und eines Tages wirst auch du es wissen. Näh deinem Enkel ein Paar Mokassins! Seine sind zerrissen und voller Löcher."

Die Frau schaute den Jungen an und sah, wie armselig er gekleidet war. Da bekam auch sie Mitleid, nähte Mokassins und verzierte sie mit buntgefärbten Stachelschweinsborsten. Und dann, weil sie schon dabei war, nähte sie ihm auch noch ein Hemd aus Hirschleder.

Für Pfeiljunge begann ein neues Leben. Er hörte aufmerksam zu, lernte in kurzer Zeit sprechen und war begierig darauf, ebenso tüchtig zu werden wie die anderen Jungen. Abendwolke war ein geduldiger Lehrer und bald übertraf Pfeiljunge alle seine Altersgenossen. Keiner konnte so ausdauernd laufen wie er, keiner so gut Spuren lesen und Wild aufspüren, keiner war so treffsicher wie er mit Pfeil und Bogen. Freunde fand Pfeiljunge aber trotzdem nicht. Die Menschen im Lager hatten nicht vergessen, dass er ein Ausgestoßener gewesen war, sie empfanden Scheu vor ihm und mieden ihn auch jetzt noch.

Einmal, als der Stamm wieder zu einem neuen Lagerplatz wanderte, merkte Pfeiljunge, wie schwer es Häuptling Abendwolke und seiner Frau fiel, den langen Marsch durchzuhalten. Pfeiljunge liebte seine Großeltern, er ging für sie auf die Jagd, er nahm ihnen alle Arbeit ab, wann immer er nur konnte. Was aber würde geschehen, wenn sie eines Tages zu alt waren, um mitzuwandern? Daran mochte Pfeiljunge nicht einmal denken.

„Großvater", sagte er, als sie in der Abenddämmerung am Feuer saßen, „für dich und Großmutter ist der Weg durchs Grasland viel zu mühsam geworden. Ich möchte euch helfen. Du bist weise, Großvater, sag mir, was ich tun kann."

Häuptling Abendwolke gab keine Antwort, er legte Reisig nach und schaute in die Flammen, die daran hochleckten.

„Enkel", sagte die alte Frau, „eines Tages werden wir so alt sein, dass wir nicht mehr weiterziehen können. Dann sei nicht traurig. Das war immer so und wird immer so sein."

„Warum muss es immer so sein?", rief Pfeiljunge. „Gibt es denn keine Hilfe?"

Das Reisig knackte im Feuer. „Ja, es gäbe Hilfe", murmelte der alte Mann. „Die Geisterhunde! Einmal, vor langer Zeit, habe ich von ihnen gehört. Sie sollen groß und stark wie Hirsche sein, aber geduldig Lasten schleppen wie unsere Hunde. Wer auf ihrem Rücken sitzt, den tragen sie, wohin er will. Aber sie zu finden ist noch niemandem gelungen."

„Vielleicht gelingt es mir", sagte Pfeiljunge.

„Nein!", rief die alte Frau. „Geh nicht fort! So mancher junge Mann ist ausgezogen und nicht mehr

zurückgekehrt. Ich will dich nicht verlieren."

„Ihr habt mich aufgenommen, als sonst keiner mich haben wollte", sagte Pfeiljunge zu seinen Großeltern. „Jetzt ist es an der Zeit, dass ich etwas für euch tue. Ich bringe euch die Geisterhunde, und wenn ich im ganzen Grasland danach suchen muss."

„Im Grasland findest du sie nicht", sagte Häuptling Abendwolke. „Irgendwo im Süden, wo die Sonne zu Mittag steht, soll es ein Land geben, in dem immer Sommer ist. Dort, so heißt es, ist ein großer See und unten am Seegrund sind die Geisterhunde. Enkelsohn, auch ich möchte, dass du

bei uns bleibst. Aber deine Großmutter und ich dürfen nicht nur an uns denken. Wie glücklich würden alle sein, wenn du die Geisterhunde ins Grasland bringst. Willst du wirklich fortgehen und sie suchen?"

„Ja", sagte Pfeiljunge, „ich will!"

Am nächsten Morgen wanderte Pfeiljunge fort. Häuptling Abendwolke hatte ihm seinen Schild und Bogen gegeben und begleitete ihn ein Stück. Nachdem sie voneinander Abschied genommen hatten, ging Pfeiljunge allein weiter. Er wanderte über die weiten Wiesen, über sich den hohen, riesigen Himmel. Er sah die weidenden Büffel, Antilopen flüchteten

16

vor ihm. Nachts hörte er die Wölfe ihr uraltes Lied heulen. Menschen begegnete er nicht.

Am vierten Tag kam er zu einem Weiher. Am Ufer stand ein seltsames Wesen, das einem Mann glich, aber doch kein Mann war. „Warum kommst du zu meinem Weiher?", fragte das seltsame Wesen.

„Ich suche die Geisterhunde", antwortete Pfeiljunge. „Kannst du mir sagen, wo sie sind?"

„Das kann ich nicht", sagte das Wesen. „Wenn du aber viermal vier Tage lang nach Süden wanderst, kommst du zu einem kleinen See. Dort wohnt mein Onkel. Vielleicht

hilft er dir, vielleicht auch nicht. Wer weiß das schon!"

Bevor Pfeiljunge dem Geisterwesen danken konnte, war es in den Weiher zurückgekehrt, der sein Heim war.

Pfeiljunge wanderte weiter, viermal vier Tage lang. Er ging durch tiefe Canyons, vorbei an tosenden Wasserfällen und über zerklüftete Berge. Manchmal fand er Jagdbeute, manchmal nicht. Oft blieb er hungrig, aber er ertrug alles geduldig und gönnte sich kaum eine Rast.

Nach viermal vier Tagen kam er zu einem kleinen See inmitten von Hügeln und dichten Wäldern. Am Ufer des Sees stand ein Wesen, wie Pfeiljunge noch keines zuvor gesehen hatte. Es war zweimal so groß wie ein Mensch, war schuppig wie ein Fisch, hatte Froschfüße und wirres, algengrünes Haar. In den Händen trug das Wesen einen riesigen Speer.

„Winzling, hast du Angst vor mir?", grollte das Wesen und richtete die Speerspitze auf Pfeiljunge.

„Warum sollte ich Angst haben?", fragte Pfeiljunge und musste lachen, denn dieses Geisterwesen sah allzu wunderlich aus.

Das Wesen ließ den Speer sinken. „Ich mag Winzlinge, die mich nicht fürchten", sagte es. „Dein Glück, sonst hätte ich dich aufgespießt. Was willst du hier?"

„Ich suche die Geisterhunde", antwortete Pfeiljunge. „Kannst du mir sagen, wo sie sind?"

„Kann ich nicht", grollte das Wesen. „Vielleicht hilft dir mein Großvater. Vielleicht aber auch nicht. Wenn du viermal vier Tage und noch einmal vier Tage weiter nach Süden gehst, findest du ihn. Oder du findest ihn nicht. Wer weiß das schon!" Das Geisterwesen sprang in den See und verschwand im Wasser.

Pfeiljunge wanderte weiter, immer der Mittagssonne nach. Er ließ die Berge hinter sich, die Hügel und Wälder und kam in ein Land, in dem

die Sonne heiß vom Himmel brannte. Nirgendwo war eine Quelle oder ein Bach. Kein Baum gab Schatten, nur da und dort standen kümmerliche Sträucher. Pfeiljunge schaute vergeb-

zu müssen, erblickte er in der Ferne einen großen See. Er fasste wieder Mut und lief darauf zu.

Bäume wuchsen hier, im üppigen Gras blühten Blumen. Pfeiljunge kniete am Ufer nieder und trank. Das kühle Wasser erfrischte ihn, alle Müdigkeit war verflogen.

„Das muss der See sein, von dem Großvater gesprochen hat", dachte er. „Unten am Grund sind die Geisterhunde. Aber wie komme ich zu ihnen?"

Er wanderte am Ufer entlang, doch nirgendwo war ein Wassergeist oder ein anderes Wesen zu sehen. Die Sonne senkte sich, der Abend dämmerte. Pfeiljunge streckte sich im weichen Gras aus. „Morgen will ich weitersuchen", dachte er und da war er auch schon eingeschlafen.

Als er bei Sonnenaufgang erwachte, stand vor ihm ein kleiner Junge. Sein Gewand aus weißgegerbtem Hirschleder war über und über mit Stachelschweinsborsten bestickt, so leuchtend bunt wie Vogelgefieder.

Der kleine Junge lächelte. „Ich heiße Eisvogel", sagte er. „Und wer bist du?"

„Man nennt mich Pfeiljunge!"

„Woher kommst du und was willst du hier bei uns?"

„Ich komme aus dem Grasland", antwortete Pfeiljunge, „und ich suche

lich nach Jagdbeute aus. Hunger und Durst begannen ihn zu plagen, er konnte sich kaum noch weiterschleppen. Als er schon glaubte, in dieser menschenverlassenen Einöde sterben

die Geisterhunde. Ist das nicht der See, auf dessen Grund sie sind? Kannst du mich zu ihnen führen?"

„Vielleicht", sagte der kleine Junge. „Zuerst aber will ich wissen, warum du die Geisterhunde suchst."

„Meine Großeltern sind alt geworden", sagte Pfeiljunge. „Es ist so mühsam für sie, durchs Grasland zu wandern. Ich möchte ihnen helfen. Es heißt, dass die Geisterhunde groß und stark sind. Wer auf ihrem Rücken sitzt, den tragen sie, wohin er will."

„Das mag schon sein! Ob mein Großvater sie dir aber gibt, das weiß ich nicht. Komm mit mir! Ich bringe dich zu ihm." Der Junge im leuchtend bunten Gewand verwandelte sich in einen Eisvogel und tauchte blitzschnell ins Wasser.

„Wenn ich ihm folge, ertrinke ich", dachte Pfeiljunge. „Aber wenn ich es nicht tue, finde ich die Geisterhunde nie." Er nahm Schild und Bogen und sprang in den See. Tiefer und tiefer sank er hinab, bis hinunter zum Grund. Als er dort angekommen war, holte er tief Atem und meinte zu träumen. Über sich sah er die blau schimmernde Wasserdecke. Auf dem Seegrund wuchs Gras, sogar Blumen gab es hier unten.

Nicht weit entfernt stand ein reich bemaltes Zelt, um vieles größer und schöner als die kleinen bescheidenen Zelte im Grasland. Oben auf einer der Zeltstangen saß Eisvogel, er flog herab und verwandelte sich zurück in einen Jungen.

„Mein Großvater wartet schon auf dich", sagte er, nahm Pfeiljunge an der Hand und führte ihn ins Zelt.

Pfeiljunge schaute staunend um sich. An den Wänden hingen kunstvoll verzierte Waffen und mit Federn geschmückte Schilde. Felldecken lagen auf dem Boden. Gegenüber dem Eingang saß ein alter, Ehrfurcht gebietender Mann mit langem weißem Haar. Sein Mantel aus Büffelhaut war wie das Zelt bunt bemalt.

„Sei willkommen, Menschenjunge", sagte der alte Mann. „Schon viele haben meinen See gesucht, doch keiner wagte es, wie du ins Wasser zu springen und meinem Enkel zu folgen. Setz dich zu mir und iss! Nach dem langen Weg wirst du hungrig sein."

Die Frau des alten Mannes und Eisvogel brachten Büffelfleisch und allerlei andere Gerichte. Halb verhungert wie er war, griff Pfeiljunge tüchtig zu. Als er den letzten Bissen gegessen hatte, stopfte sich der alte Mann eine Pfeife und begann zu rauchen. Eine Weile saß er schweigend da, dann sagte er: „Ich weiß, warum du gekommen bist. Wir werden sehen, was weiter geschieht. Geh jetzt mit meinem Enkel!"

Eisvogel nahm Pfeiljunge wieder an die Hand und führte ihn über den Seegrund. An manchen Stellen bedeckte feinkörniger Sand den Boden und wunderlich geformte Muscheln lagen herum. Nachdem die beiden Jungen lange gegangen waren, kamen sie zu einer Wiese, auf der sich Tiere tummelten, von einer Art, die Pfeiljunge nicht kannte. Groß wie Hirsche waren sie, aber doch ganz anders. Ihr glattes Fell glänzte. Manche waren schwarz, andere weiß, wieder andere braun oder bunt gescheckt. Wie stolz sie die Köpfe hochreckten!

Und wie sie herumgaloppierten mit wehenden Schweifen und Mähnen!

„Das müssen sie sein!", dachte Pfeiljunge. „Das sind die Geisterhunde! Endlich habe ich sie gefunden."

„Schau her!", befahl Eisvogel. „Ich zeige dir, wie man es macht." So leichtfüßig, als wäre er eine Feder, schwang er sich auf den Rücken eines der Tiere und presste die Beine an die Flanken. Der Geisterhund fing an zu laufen, lief schneller und schneller. Pfeiljunge wollte seinen Augen nicht trauen. Das Tier, das so groß und stark war, trug den kleinen Jungen, wohin er nur wollte, über die Wiese, über den weiten Seegrund, einmal dahin und einmal dorthin.

Eisvogel kam auf dem Geisterhund zurückgeritten, sprang lachend herab und sagte: „Jetzt bist du dran!"

Pfeiljunge trat schüchtern näher. Der Geisterhund berührte ihn mit den weichen Nüstern und schnaubte leise.

Da nahm Pfeiljunge all seinen Mut zusammen und schwang sich auf den Rücken des Tieres. Kaum saß er oben, preschte der Geisterhund los. Dem Jungen war, als flöge er wie ein Vogel über den Seegrund, er verlor alle Angst und jauchzte vor Freude.

„Siehst du, es ist ganz einfach", sagte Eisvogel, als Pfeiljunge wieder bei ihm war.

„Eisvogel", sagte Pfeiljunge, „wie glücklich würden meine Großeltern sein, wenn ich ihnen die Geisterhunde bringen könnte."

„Ich weiß", sagte Eisvogel. „Um deiner Großeltern willen möchte ich dir helfen, denn auch ich liebe meinen Großvater und würde alles für ihn tun."

Die Geisterhunde spielten ausgelassen auf der Wiese, sie rannten einander nach, zupften einander an den wehenden Mähnen, warfen die Köpfe zurück und wieherten laut.

„Pfeiljunge", sagte Eisvogel, „hast du bemerkt, dass der Büffelhautmantel, den mein Großvater trägt, bis zum Boden hinabreicht?"

„Ja, das habe ich gesehen."

„Und weißt du, warum das so ist?"

„Nein", sagte Pfeiljunge.

„Damit niemand seine Beine sieht! Wer sie erblickt, dem muss er einen Wunsch erfüllen. Verstehst du, was ich meine?"

„Ich verstehe", sagte Pfeiljunge.

So sehr er sich aber auch bemühte, es gelang ihm nicht, die Beine des alten Mannes zu erblicken. Immer waren sie vom Büffelhautmantel bedeckt. Die Tage vergingen. Pfeiljunge lernte von Eisvogel alle Reitkünste, viele Stunden ritten sie miteinander über den Seegrund. Besonders einer der Geisterhunde war ihm zugetan,

eine scheckige Stute. Wenn er auf die Weide kam, lief sie ihm entgegen, begrüßte ihn freundlich wiehernd und rieb ihren Kopf an seinen Schultern.

„Könnte ich doch sehen, was unter dem Büffelhautmantel ist!", dachte Pfeiljunge immer und immer wieder.

Eines Morgens, nachdem er schon fast die Hoffnung aufgegeben hatte, geschah es endlich. Als der alte Mann aus dem Zelt trat, verfing sich sein Mantel an der Eingangsklappe und entblößte eines der Beine. Pfeiljunge schrie leise auf. Was er sah, war kein Menschenfuß und auch nicht das Bein eines Menschen. Es war ein schwarzer Huf und das schlanke, sehnige Bein eines Geisterhundes.

Der alte Mann merkte, was geschehen war, bedeckte sich wieder mit dem Mantel und sagte: „Jetzt hast du gesehen, was du nicht sehen solltest. Es hat so sein müssen. Was für einen Wunsch hast du? Ich werde ihn dir erfüllen."

„Ich wünsche mir nur eines", antwortete Pfeiljunge. „Ich möchte die Geisterhunde ins Grasland bringen."

„So sei es", sagte der alte Mann. „Freilich, alle kann ich dir nicht geben, doch die Hälfte der Herde sollst du haben. Nun ist es der Junge, den sie ausgestoßen haben, der den Menschen im Grasland die Geisterhunde bringt. Du siehst, ich weiß alles. Aber noch hast du deine Aufgabe nicht ganz erfüllt. Auf dem Weg nach Norden, viermal vier Tage und noch einmal vier Tage, darfst du nie zurückschauen. Drehst du dich nur einmal um, sind die Geisterhunde für immer verschwunden. Sobald du am See inmitten der Hügel und Wälder bist, wird einer der Geisterhunde sich dir zeigen. Auf ihm darfst du reiten. Schau aber auch dann noch nicht zurück. Erst wenn du im Grasland bist, darfst du es tun."

Die Frau des alten Mannes brachte eine Ledertasche voll mit Trockenfleisch als Nahrung für viele Tage. Pfeiljunge dankte ihr und dem alten Mann, nahm Schild und Bogen und folgte Eisvogel hinauf ans Seeufer.

Alles war so friedlich und einsam wie an jenem Tag, als Pfeiljunge nach seiner langen Wanderung hier angekommen war. Der Wind strich übers Gras und wisperte im Laub der Bäume und Büsche. Pfeiljunge schaute um sich, konnte aber keinen der Geisterhunde erblicken. „Wo sind sie?", fragte er seinen kleinen Freund.

Der Junge im leuchtend bunten Gewand gab keine Antwort, er lächelte nur, verwandelte sich in einen Eisvogel und tauchte hinab in den See.

„Die Geisterhunde sind nicht hier", dachte Pfeiljunge. „Der alte

Mann hat mir aber versprochen, dass ich sie ins Grasland bringen darf. Und er hat mir aufgetragen, dass ich viermal vier Tage und noch einmal vier Tage lang nach Norden gehe und nie zurückschaue. Also will ich das tun!"

Pfeiljunge wanderte durch das sonnenheiße Land. Manchmal war ihm, als vernehme er leises Hufgetrappel, wenn er aber genauer hinhörte, war es nur ein Windhauch oder das Huschen eines kleinen Lebewesens. Je weiter er wanderte, desto schwerer fiel es ihm, niemals einen Blick zurückzuwerfen. Zweifel begannen ihn zu plagen. Er konnte auf einmal nicht mehr daran glauben, dass er unten auf dem Seegrund gewesen war. Dass Eisvogel ihn gelehrte hatte, auf dem Rücken der Geisterhunde zu reiten. Dass der alte Mann ihm die Hälfte der Herde geschenkt hatte. Bestimmt war alles nur ein Traum gewesen. Oder doch nicht? Könnte er nur einmal, ein einziges Mal, zurückschauen und sich vergewissern, dass die Geisterhunde ihm folgten!

Aber Pfeiljunge schaute nicht zurück. Er ging und ging immer weiter nach Norden. Schließlich kam er zu dem kleinen See inmitten der Hügel und Wälder. Diesmal erwartete ihn am Ufer kein wunderliches Geisterwesen mit einem Speer. Vielleicht

war auch das nur ein Traum gewesen. Es war schon spät am Abend. Pfeiljunge streckte sich erschöpft und niedergeschlagen aus und schlief ein.

Am Morgen erwachte er, weil er eine leichte Berührung spürte. Er öffnete die Augen. Vor ihm stand die gescheckte Stute. Sie hatte den Kopf zu ihm herabgesenkt, schnaubte freundlich und stieß ihn mit ihren weichen Nüstern an.

„Es war kein Traum!", rief Pfeiljunge und sprang auf. „Ich bin es, der die Geisterhunde ins Grasland bringt." Er legte die Arme um den Nacken der Stute und presste sein Gesicht an ihre Mähne. Dann schwang er sich auf ihren Rücken und ritt los. Hinter sich hörte er Hufgetrappel und fröhliches Wiehern. Und diesmal fiel es ihm nicht schwer, keinen Blick zurückzuwerfen. Er wusste ja, dass die Geisterhunde ihm folgten.

Pfeiljunge ritt nach Norden, durch tiefe Canyons, vorbei an tosenden Wasserfällen und über zerklüftete Berge. Wie mühsam war der Weg gewesen, als er noch zu Fuß hatte gehen müssen, wie leicht und unbeschwert ritt er nun dahin.

Er kam zu dem Weiher, an dem er das erste der Geisterwesen erblickt hatte. Eine Weile blieb er dort, aber das Wesen zeigte sich nicht und so ritt er weiter.

Und dann, endlich, war er im Grasland, im Land der weiten Wiesen. Büffel weideten. Antilopen grasten. Wölfe strichen durchs Gras.

Jetzt erst schaute Pfeiljunge zurück. Hinter sich sah er eine große Schar Geisterhunde, schwarze und weiße, braune und bunt gescheckte. Laut wiehernd, mit wehenden Schweifen und Mähnen kamen sie herangaloppiert. Pfeiljunge jauchzte vor Freude, tätschelte die Stute und trieb sie an. Sie lief wie der Wind den anderen voran ins Grasland hinein.

Pfeiljunge führte die Herde zum Lager seines Stammes. Als die Männer, Frauen und Kinder die Geisterhunde erblickten, fürchteten sie sich. Sie erkannten Pfeiljunge nicht und meinten ein Ungeheuer zu sehen, das halb Mensch halb Tier war. Voller Angst flüchteten sie in die Zelte und wagten sich nicht mehr heraus. Nur Häuptling Abendwolke und seine Frau blieben vor ihrem Zelt stehen und erwarteten Pfeiljunge.

„Großvater", sagte Pfeiljunge, „ich habe die Geisterhunde gefunden.

Niemals wieder müsst ihr zu Fuß gehen, du und Großmutter. Die Geisterhunde werden euch auf ihren Rücken tragen."

„Und du bist es, der sie uns gebracht hat", sagte Häuptling Abendwolke. Dann rief er mit lauter Stimme: „Kommt aus den Zelten! Wovor habt ihr Angst? Mein Enkelsohn ist aus dem Land der Mittagssonne heimgekehrt und hat die Geisterhunde ins Grasland geführt. Für uns alle hat er es getan. Kommt und freut euch mit ihm!"

Da kamen sie aus den Zelten, Männer, Frauen und Kinder. Zuerst waren sie noch ängstlich, aber bald wurden sie mutiger, sie verloren jede Scheu und konnten die schönen Tiere nicht genug bewundern.

So geschah es, dass der Junge, der taub gewesen war und von dem alle gemeint hatten, er tauge zu nichts, die Geisterhunde ins Grasland brachte und die Menschen lehrte, auf ihnen zu reiten.

Pfeiljunge wurde ein angesehener Häuptling. Nach vielen Jahren ritt er mit einem seiner Söhne nach Süden, ins Land der Mittagssonne. Auf ihrem Weg begegneten sie keinem der Geisterwesen, weder am Weiher noch am kleinen See inmitten der Hügel und Wälder. Sie fanden den großen See, und wie damals, vor langer Zeit, lag er einsam vor ihnen. Blumen blühten im Gras, das Laub wisperte, aber kein Lebewesen war zu erblicken.

„Ich bin gekommen, euch zu danken", rief Pfeiljunge, der Häuptling.

Einen Herzschlag lang war ihm, als sehe er im Ufergesträuch den kleinen Jungen im leuchtend bunten Gewand. Ihm war, als könne er unten auf dem Seegrund das Zelt sehen und

den alten, Ehrfurcht gebietenden Mann im Büffelhautmantel.

Aber Pfeiljunge, der Häuptling, musste sich wohl getäuscht haben. Im klaren Wasser schwammen nur silbrig glänzende Fische umher.

Niemals wieder hat jemand den Weg zum Seegrund hinab gefunden. Im Grasland aber tummelten sich unzählige Geisterhunde. Die Zelte der Menschen waren nicht mehr klein und ärmlich, sie waren groß und reich bemalt wie einst das Zelt unten im See. Die Mühsal vergangener Jahre war vergessen, seit die Geisterhunde, die Pferde, ins Grasland gekommen waren, die die Menschen auf ihren Rücken trugen und geduldig jede Last schleppten.

DIE KLEINE JÄGERIN

Im Land des Südwestens, wo im Sommer die Sonne heiß scheint, im Winter aber auch manchmal Schnee fällt und es bitterkalt sein kann, ist ein wild zerklüfteter Tafelberg. Er ist das Heim der Berggötter, eines Bruderpaares, das die Macht hat, die Wolken zu rufen und den lebensspendenden Regen zu bringen. Es heißt, dass die Brüder vielerlei Gestalt annehmen können, sich einmal als furchterregende Geister zeigen, dann wieder als schöne junge Krieger.

In den alten Zeiten lebten nicht weit entfernt von diesem Berg zwei Geschwister, ein Junge und ein Mädchen. Da ihre Eltern schon lange tot waren, hatten die Großeltern sie zu sich genommen und sorgten für sie.

Die Jahre vergingen. Der Junge und das Mädchen wuchsen heran und nun waren sie es, die sich um die altgewordenen Großeltern kümmerten. Der Junge ging auf die Kaninchenjagd, das Mädchen pflanzte Mais, Kürbis und Bohnen auf einem der kleinen Felder des Dorfes.

Wann immer die Schwester Zeit hatte, begleitete sie den Bruder auf der Jagd. Am liebsten hätte sie es selbst versucht, aber davon wollte der Bruder nichts wissen, denn die Berggötter hatten nur den Männern des Dorfes erlaubt, Kaninchen zu jagen, den Mädchen nicht. Weil sie es aber so gern getan hätte, nannte der Bruder sie zum Scherz Kleine Jägerin. Bald riefen alle im Dorf das Mädchen mit diesem Namen.

Einmal, mitten im Winter, wurde der Bruder krank und konnte nicht auf die Jagd gehen. Im Sommer war es ungewöhnlich trocken gewesen und die Schwester hatte nur wenig Feldfrüchte geerntet. Von Tag zu Tag wurden die Vorräte an Mais, Bohnen und Kürbissen kleiner.

„Wir werden bald nichts mehr zu essen haben", dachte das Mädchen. „Und mein Bruder wird immer schwächer! Ich kann ihm nicht einmal eine kräftige Fleischsuppe kochen, damit er wieder gesund und stark wird. Ich muss die jungen Männer bitten, dass sie uns etwas von ihrer Jagdbeute abgeben."

Als der Abend dämmerte, ging die Kleine Jägerin auf den Dorfplatz und wartete, bis die jungen Männer von der Jagd heimkamen. Die einen hatten viele Kaninchen erlegt, andere

nicht ganz so viele, aber alle waren erfolgreich gewesen.

„Gebt mir ein Kaninchen!", bat die Kleine Jägerin.

Keiner der jungen Männer hörte ihre Bitte. Sie lachten und scherzten und merkten vor lauter Übermut nicht, dass da jemand war, der ihre Hilfe brauchte. Am nächsten Abend

war es nicht anders, wieder gingen alle achtlos an ihr vorbei.

„Sie hören mich nicht an", sagte die Kleine Jägerin zu den Großeltern. „Vielleicht wollen sie mir auch nichts geben? Was soll ich tun? Am besten ist es, wenn ich selber auf die Jagd gehe."

„Nein! Das darfst du nicht!", rief die Großmutter.

„Die Berggötter haben es verboten", sagte der Großvater. „Hast du das vergessen, Enkeltochter?"

„Ich habe es nicht vergessen", sagte die Kleine Jägerin. „Aber du bist alt, Großvater, und kannst nicht mehr auf die Jagd gehen. Und mein Bruder ist krank und schwach. Die Berggötter wollen bestimmt nicht, dass wir alle Hunger leiden, nur deshalb, weil ich ein Mädchen bin."

Die Kleine Jägerin hüllte sich in ihren warmen Umhangmantel und zog die Fellschuhe an, die ihr Großvater für sie genäht hatte und die bis zu den Knien reichten. Dann nahm sie die Wurfhölzer ihres Bruders und steckte sie in den Gürtel.

„Habt keine Angst", sagte sie zu den Großeltern. „Am Abend bin ich wieder zurück."

An diesem Tag ging keiner der jungen Männer auf die Jagd, sie hatten an den Tagen zuvor genug Beute heimgebracht und ruhten sich aus. Die Kleine Jägerin verließ das Dorf

und wanderte zum Berg, wie sie es so oft mit ihrem Bruder getan hatte. Diesmal freilich war sie allein. Eine dünne Schneeschicht bedeckte den Boden. Jedes Tier, von der kleinsten Maus bis zum Koyoten, hatte deutlich sichtbare Spuren hinterlassen, so war es nicht schwer, den besten Jagdplatz zu finden.

immer getan hatte: „Vergib mir! Wir sind hungrig und brauchen Nahrung."

Oben auf dem Tafelberg saßen die Berggötter, die alles sahen, was im Land vor sich ging.

„Wer jagt da unten?", fragte der erste der Brüder. „Ist das nicht ein Mädchen?"

„Ja", sagte der zweite Bruder, „es ist ein Mädchen."

„Ein Mädchen!", grollte der erste Bruder. „Das dürfen wir nicht zulassen."

Die Berggötter riefen die Schneewolken. Im Nu zog eine dunkle Wolkenwand heran, hüllte den Berg ein und senkte sich auf das ebene Land hinab.

Im Eifer der Jagd hatte die Kleine Jägerin nicht darauf geachtet, wie düster der Himmel geworden war. Der Schneefall überraschte sie in einem der Canyons. In aller Eile band sie die erlegten Kaninchen mit einem Strick zusammen und wollte durch den immer dichter fallenden Schnee zurück ins Dorf gehen.

Oben auf dem Berg rief das Brüderpaar den Wind, der sofort einsetzte und durch die Schluchten und Canyons zu toben begann. Im wirbelnden Schnee war die Kleine Jägerin wie blind, sie verlor den Richtungssinn, irrte ziellos umher und

In den Canyons am Fuß des Tafelberges, zwischen Felsblöcken und Wacholdergesträuch, gab es viele Kaninchenhöhlen, unzählige Spuren führten dort kreuz und quer umher. Die Kleine Jägerin spürte ein Kaninchen nach dem anderen auf und erlegte es mit einem der Wurfhölzer. Jedes Mal sagte sie, wie es ihr Bruder

suchte vergeblich nach einem Zufluchtsort. Als sie schon meinte, nicht mehr weiter zu können, war ihr, als sehe sie durch das Schneegestöber ein schwaches Licht. Mit letzter Kraft stapfte sie darauf zu und kam zu einer Höhle im Berg. Drinnen glosten die Reste eines Feuers. Jäger aus einem der anderen Dörfer mochten sich daran gewärmt haben, bevor sie den Heimweg angetreten hatten. Sogar ein Stoß Brennholz lag da.

Die Kleine Jägerin schlüpfte in die Höhle, zog den Mantel aus und schüttelte den Schnee ab. Dann legte sie Reisig nach und blies in die Glut, bis die Flammen knisternd an den Zweigen hochleckten. Bald war es in der Höhle angenehm warm. Der Kleinen Jägerin fielen die Augen zu, sie streckte sich neben dem Feuer aus und war schon fast eingeschlafen, als sie durch das Heulen des Windes Rufe zu vernehmen glaubte. Sie richtete sich auf und lauschte. Ja, irgendwo draußen in dem wilden Gelände rief jemand, als brauche er Hilfe.

„Da hat sich einer verirrt wie ich", dachte die Kleine Jägerin. Sie ging zum Höhleneingang und rief: „Hierher! Hier ist eine Höhle! Komm und wärme dich an meinem Feuer."

Was sich im Schneegestöber herumtrieb, war aber kein verirrter Jäger, es war ein böser Dämon, ein men-

schenfressendes Ungeheuer. Auf der Suche nach einem Opfer hatte es täuschend echt eine menschliche Stimme nachgeahmt.

„Siehst du, was ich sehe?", fragte der erste Bruder oben auf dem Berg.

„Ja, ich sehe es", antwortete der zweite Bruder.

Der Wind legte sich, der Schnee hörte zu fallen auf. Im Dämmerlicht des Abends erblickte die Kleine Jägerin eine riesige Gestalt, die so grauenvoll hässlich war, dass sie meinte, das Herz bliebe ihr stehen. Das Ungeheuer trampelte auf die Höhle zu und schwang eine klobige Keule.

„Hast du mich gerufen?", brüllte es. „Ich bin gleich bei dir. Ich habe Hunger. Du kommst mir gerade recht."

Die Kleine Jägerin flüchtete in die Höhle zurück. So groß ihre Angst auch war, sie zwang sich ruhig zu bleiben und löste den Strick, mit dem sie die Kaninchen zusammengebunden hatte.

Auf den Höhleneingang fiel ein dunkler Schatten.

„Warte!", rief die Kleine Jägerin. „Wenn du hungrig bist, habe ich etwas für dich."

Sie nahm eines der Kaninchen und warf es aus der Höhle. Das Ungeheuer fletschte die Zähne und verschlang das Kaninchen mit Haut und Haar.

„Was für ein winziger Bissen!", grölte es. „Hast du nicht mehr?"

Ein Kaninchen nach dem anderen, alle, die sie erlegt hatte, warf die Kleine Jägerin dem Ungeheuer zu. Als kein Kaninchen mehr da war, als das letzte verschlungen war, packte sie einen der brennenden Äste. Wenn sie auch wusste, wie aussichtslos es war, wollte sie doch nicht kampflos aufgeben. Sie dachte an ihre Großeltern und an den kranken Bruder. „Ich werde sie nie wiedersehen", sagte sie zu sich. „Wer wird nun für sie den Mais anpflanzen, die Bohnen und den Kürbis?"

„Dieses Menschenmädchen ist tapfer", sagte oben auf dem Berg der erste der Brüder.

„Es wird ihm aber nichts nützen", sagte der zweite Bruder, als tue ihm das Leid.

Unten im Canyon wollte das Ungeheuer in die Höhle hineintrampeln, konnte sich aber nicht durch den Eingang zwängen, vollgestopft mit Kaninchen wie es war. „Das werden wir gleich haben!", murrte es, hob die Keule, schlug mit aller Kraft auf das Gestein und begann, den Höhleneingang zu zertrümmern. Die Schläge hallten dumpf im Canyon wieder.

„Bruder", sagte der erste der Berggötter, „denkst du, was ich denke?"

„Ja", sagte der zweite, „ich denke so wie du."

Das Brüderpaar verwandelte sich in furchterregende Geister, verließ Blitze schleudernd den Berggipfel und kam im Canyon an, als das Ungeheuer den letzten hinderlichen Stein herausgeschlagen hatte und in die Höhle eindringen wollte. So schrecklich war der Anblick der erzürnten Götter, dass das Ungeheuer heulend floh, in

eine der tiefen Schluchten des Berges stürzte und nie wieder gesehen wurde.

„Komm aus der Höhle!", befahlen die Brüder dem Mädchen.

Die Kleine Jägerin trat aus der Höhle. Wieder meinte sie, das Herz bleibe ihr stehen, als sie die Berggötter vor sich sah, aber sie nahm all ihren Mut zusammen und zeigte ihre Angst nicht.

„Weißt du, wer wir sind?", fragten die Berggötter.

„Ja", sagte die Kleine Jägerin, „ich weiß es."

„Haben wir nicht verboten, dass Mädchen Kaninchen jagen?"

„Ihr habt es verboten", sagte die Kleine Jägerin.

„Warum hast du es dann getan?"

„Meine Großeltern sind alt", antwortete die Kleine Jägerin. „Der Großvater kann nicht mehr auf die Jagd gehen. Und mein Bruder ist krank. Wir haben nicht genug zu essen. Ich konnte nicht zusehen, wie meine Großeltern hungrig sind und mein Bruder immer schwächer wird. Darum habe ich Kaninchen gejagt."

„Bruder", sagte der erste der Berggötter, „was ist wichtiger – ein Gebot zu halten oder anderen zu helfen?"

„Anderen zu helfen", sagte der zweite Bruder.

Im selben Augenblick verwandelten sich die Berggötter und nahmen

die Gestalt von schönen jungen Kriegern an.

„Das Ungeheuer hat deine Kaninchen verschlungen", sagte der erste Bruder, „du sollst aber nicht mit leeren Händen heimkommen."

„Wir jagen für dich", sagte der zweite Bruder. „Warte auf uns!"

Es war Nacht geworden. Alle Wolken hatten sich verzogen. Der Schnee leuchtete matt im Licht der Sterne. Die Kleine Jägerin setzte sich vor die Höhle und wartete.

Sie brauchte nicht lange zu warten. Schon nach kurzer Zeit, ihr schien es, als seien sie eben erst fortgegangen, kamen die Berggötter mit den erlegten Kaninchen zurück.

Bevor die Kleine Jägerin ihnen danken konnte, waren die Berggötter verschwunden. Die Kleine Jägerin band die Kaninchen mit dem Strick zusammen und wanderte unter dem hohen, sternglitzernden Nachthimmel zurück ins Dorf.

Den ganzen Winter sorgte die Kleine Jägerin für ihre Großeltern und den Bruder. Im Frühjahr – der Bruder war wieder gesund und stark geworden – begleitete sie ihn, als er zum ersten Mal auf die Jagd ging. Am Fuß des Tafelberges blieb sie stehen, hob die Hände und dankte den Berggöttern.

Und wie sie dastand, erschien am klaren Himmel eine Wolke und laue Regentropfen fielen auf sie hinab.

Da wusste die Kleine Jägerin, dass die Berggötter ihren Dank gehört hatten.

WIE DER FUCHS UND EIN KLEINER JUNGE DEN MENSCHEN DAS FEUER BRACHTEN

Als die Menschen auf die Erde kamen, kannten sie das Feuer nicht. Sie wussten nicht einmal, dass ihnen etwas fehlte. Lange Zeit war es immer Sommer. Tagsüber schien die Sonne und selbst in den Nächten war die Luft lau und lind. Aber dann, auf einmal, wurde es Winter. Eisige Stürme fegten über das Land. Schnee bedeckte die Erde, Bäche und Seen froren zu. Am kalten Winterhimmel stand die Sonne und spendete keine Wärme mehr.

Die Menschen hüllten sich in Tierpelze und drängten sich in ihren Hütten aneinander. Besonders die Alten und die ganz kleinen Kinder litten unter der Kälte. Viele starben.

Damals lebte in einem der Indianerdörfer ein kleiner Junge, der seine Großeltern sehr liebte. Als in einer bitterkalten Nacht wieder ein paar alte Leute erfroren waren, rief der Häuptling des Dorfes die Männer und Frauen zu sich, um Rat zu halten.

„Ich habe gehört", sagte der Häuptling, „dass es etwas geben soll, an dem wir uns wärmen könnten. Man nennt dieses Etwas Feuer."

„Feuer?", riefen die jungen Männer. „Wo ist es? Wo können wir es finden?"

„Irgendwo, niemand weiß wo, ist eine Höhle", sagte der Häuptling. „Dort ist das Feuer. Man erzählt, dass die Feuerfrau und ihre zwei Töchter es bewachen. Man erzählt, dass sie jeden töten, der es ihnen wegnehmen will. Vielleicht kommt jener, der das Feuer sucht, nicht mehr zu uns zurück. Es ist eine gefährliche Aufgabe. Aber einer muss es tun, sonst sterben wir alle. Wer ist dazu bereit?"

Die Männer des Dorfes sahen einander an. Keiner wollte sich aufmachen und das Feuer suchen.

„Was hat es für einen Sinn?", fragten sie. „Wir wissen nicht, wo die Höhle ist. Und wenn wir sie finden, tötet uns die Feuerfrau. Ist es nicht besser, wir bleiben alle hier? Einmal muss es doch wieder warm werden."

Der kleine Junge saß am Rand der Versammelten und dachte an seine Großeltern, die von Tag zu Tag schwächer wurden. „Wenn niemand das Feuer holt, erfrieren sie", sagte der kleine Junge zu sich und weinte.

Da spürte er, wie eine feuchte Schnauze ihn berührte. Es war der Fuchs, der vieles wusste, was die Menschen nicht wussten. Er war aus den Wäldern gekommen, weil sie ihm Leid taten.

„Möchtest du nicht deinen Groß- eltern helfen?", fragte der Fuchs den kleinen Jungen.

„Das möchte ich!", antwortete der Junge.

„Dann steh auf und sag, dass du das Feuer suchen wirst!"

„Wie kann ich das?", fragte der Junge. „Nicht einmal die tapfersten Männer aus dem Dorf wagen es zu tun."

„Du kannst es, wenn du nur willst", sagte der Fuchs. „Außerdem wirst du nicht allein sein. Ich helfe dir."

Der Junge stand auf, trat vor den Häuptling hin und sagte: „Ich gehe und suche das Feuer!"

„Ein kleiner Junge wie du wird nie und nimmer den Weg zur Höhle finden", sagte der Häuptling. Er schaute im Kreis umher und rief: „Wer geht statt diesem Jungen hier und sucht das Feuer?"

Wieder meldete sich niemand. Alle Männer im Dorf hatten Angst vor dem weiten, ungewissen Weg, hatten Angst vor der Feuerfrau und ihren zwei Töchtern.

„Ich gehe!", sagte der Junge noch einmal.

Bevor er aufbrach, versprach er seinen Großeltern: „Bald braucht ihr nicht mehr zu frieren. Ich bringe das Feuer, das euch wärmen wird."

Der kleine Junge ging in den Wald, wo der Fuchs schon auf ihn wartete.

„Sammle einen großen Stoß Reisig", befahl der Fuchs. „Wenn Feuer brennen und wärmen soll, braucht es dürres Holz."

Der Junge trug Reisig zusammen, bis der Fuchs sagte: „Jetzt ist der Stoß groß genug! Und nun lauf immerzu gerade aus. Du darfst nie aufhören zu laufen. Wer sich bei dieser Kälte niedersetzt, schläft ein und erfriert."

Der Junge fing an zu laufen, er lief immerzu gerade aus. Zuerst fiel es ihm leicht und er kam rasch vorwärts.

Nach einiger Zeit wurde er müde und wünschte nichts sehnlicher, als sich hinzusetzen und zu rasten. Jedes Mal aber, wenn er anhalten wollte, schnappte der Fuchs nach seinen Fersen.

„Lauf, kleiner Bruder, lauf!", rief der Fuchs.

Und der Junge lief, lief durch die Wälder, über Hügel und durch Täler, bis ihn schließlich seine Beine nicht mehr trugen und er erschöpft in den Schnee sank.

„Ich kann nicht mehr!", sagte er.

„Macht nichts!", antwortete der Fuchs. „Jetzt ist es nicht mehr weit. Siehst du den Fluss dort? Der fließt an der Höhle vorüber. Und hier sind vier Äste, nicht zu lang und nicht zu kurz, nicht zu dick und nicht zu dünn. Verstecke sie in deiner Jacke. Wenn du in der Höhle bist, musst du warten, bis die Feuerfrau und ihre Töchter eingeschlafen sind. Dann zünde den ersten Ast an. Tritt das Feuer mit den Füßen aus, bis kein Funke mehr glimmt, und lauf zu mir zurück."

Der Junge steckte die vier Äste in sein Fellkleid. „Ich will tun, was du mir aufgetragen hast", sagte er zum Fuchs. „Aber wie komme ich in die Höhle hinein? Und wird mich die Feuerfrau nicht töten?"

„Wir müssen eben schlauer sein als sie", antwortete der Fuchs. „Verwandle dich in ein Kaninchen!"

„Das kann ich nicht", sagte der kleine Junge.

„Du kannst es, wenn du nur willst", sagte der Fuchs. „Los! Verwandle dich!"

Da wünschte sich der kleine Junge ganz fest, ein Kaninchen zu sein – und wirklich, auf einmal war er ein Kaninchen mit langen Ohren und weichem weißen Fell.

„Wir Füchse jagen Kaninchen, und alle Kaninchen laufen vor uns davon", sagte der Fuchs. „Das werden wir beide jetzt tun!"

Das Kaninchen versuchte dem Fuchs zu entwischen, es rannte dahin und dorthin, aber der Fuchs ließ sich nicht abschütteln und trieb es in den Fluss hinein. Das Wasser war eisig kalt. Der Junge, der ein Kaninchen geworden war, strampelte mit den vier Beinen, aber es nützte nichts. Sein Fell wurde nass und so schwer, dass er meinte ertrinken zu müssen.

Vor der Höhle der Feuerfrau standen ihre zwei Töchter.

„Ein Kaninchen!", rief die jüngere Schwester. „Das arme Ding ist in den Fluss gefallen."

„Es wird ertrinken", sagte die ältere Schwester. „Da kann man nichts machen.

„Doch, man kann", sagte die jüngere Schwester und fischte das Kaninchen aus dem Wasser. Sie drückte das tropfnasse, kleine Geschöpf an sich und spürte, wie es vor Kälte zitterte. „Ich muss es am Feuer wärmen", sagte sie, „sonst erfriert es mir noch."

„Das darfst du nicht tun", sagte die ältere Schwester. „Unsere Mutter hat uns verboten, jemanden in die Höhle zu bringen."

„Ein Kaninchen wird uns das Feuer schon nicht stehlen", sagte die jüngere Schwester. Sie ging in die Höhle und setzte sich mit dem Kaninchen in den Armen ans Feuer. Gelbe und rote Flammen tanzten, das Feuer knackte und prasselte. Dem Jungen, der ein Kaninchen war, wurde warm und wärmer.

„Habe ich euch nicht verboten, jemanden in die Höhle zu bringen?", fragte die Feuerfrau.

„Es ist doch nur ein Kaninchen!", antwortete die jüngere Schwester. „Schau, Mutter, wie hübsch es ist mit seinem weißen Fell und den langen Ohren!"

Die Nacht kam. Draußen im Freien wurde es dunkel, aber das Feuer in der Höhle strahlte Licht und Wärme aus. „Bleibt wach und hütet das Feuer!", befahl die Feuerfrau ihren Töchtern, legte sich nieder und schlief ein.

„Hüte du das Feuer!", sagte die ältere Tochter zu ihrer Schwester. „Ich bin müde und will auch schlafen."

Jetzt war nur noch die jüngere Schwester wach. Der Junge, der ein Kaninchen war, begann ein Schlaflied zu summen. Die leisen Töne schläferten die jüngere Schwester ein, die Augen fielen ihr zu. Bald schlief sie tief und fest.

Das Kaninchen hüpfte aus ihren Armen und verwandelte sich in den kleinen Jungen zurück. Er holte einen der Äste aus seinem Fellkleid und entzündete ihn am Feuer. Als der Ast brannte, trat der Junge, wie der Fuchs ihm befohlen hatte, das Feuer aus, bis kein Funke mehr in der Asche glühte. Dann schlich er aus der Höhle und rannte am Ufer des Flusses entlang. Die jüngere Schwester erwachte, sah, was geschehen war, und lief ihm nach.

„Warum hast du das getan?", rief sie. „Als du ein Kaninchen warst, habe ich dich aus dem Fluss gerettet. Ich habe dich an unserem Feuer gewärmt und nun stiehlst du es uns. Ist das dein Dank?"

„Jetzt weiß ich, warum der Fuchs mir vier Äste gegeben hat", dachte der Junge. Er zündete den zweiten Ast an und warf den ersten der jüngeren Schwester zu. „Nimm das Feuer und trag es in eure Höhle!", rief er. „Du hast mich aus dem Fluss gerettet und mich gewärmt. Dafür bin ich dir dankbar. Aber die Menschen in mei-

nem Dorf brauchen das Feuer, sonst erfrieren sie."

„Wenn es so ist, dann bring es ihnen", sagte die jüngere Schwester, hob den brennenden Ast auf und kehrte in die Höhle zurück.

Auch die ältere Schwester und die Feuerfrau waren wach geworden und verfolgten den Jungen. Wieder zündete er Äste an und warf sie ihnen zu. „Tragt das Feuer in eure Höhle!", rief er und rannte weiter.

Der Fuchs wartete schon auf ihn.

„Das hast du gut gemacht", lobte ihn der Fuchs. „Jetzt lauf! Lauf zurück zum Dorf, so schnell du kannst!"

Der Junge lief mit dem vierten brennenden Ast in der Hand durch die Wälder, er lief über Hügel und durch Täler. Als er schon nahe beim Dorf war, wollten ihn seine Beine nicht mehr tragen. Er sank erschöpft in den Schnee.

Der Ast war bis auf einen winzigen Stummel abgebrannt. Der Fuchs packte den Stummel und rannte zum Holzstoß. Im letzten, im allerletzten Augenblick, bevor das Feuer erlosch, entzündete der Fuchs das dürre Gezweig.

Die Flammen liefen knisternd am Reisig empor. Bald brannte der ganze Stoß. Die Menschen im Dorf sahen den hellen Schein und hörten ein Knacken und Prasseln, das sie sich nicht erklären konnten. Sie kamen herbeigelaufen und drängten sich staunend um das Feuer. Ihnen wurde warm und wärmer. Rund um den brennenden Holzstoß schmolz der Schnee.

„Nun habt ihr das Feuer", sagte der Fuchs. „Hütet es gut! Solange es in

euren Hütten brennt, wird niemand mehr frieren und sei es noch so bitterkalt."

Bevor der kleine Junge und die anderen ihm danken konnten, verschwand der Fuchs im Unterholz des Waldes.

Männer und Frauen und die Kinder zündeten Zweige an und gingen ins Dorf zurück. In jeder Hütte brannte nun ein wärmendes Feuer.

Die Großeltern des kleinen Jungen mussten nicht mehr frieren.

Von überall her, aus jedem der Dörfer, kamen die Bewohner und holten sich das Feuer. Im ganzen Land erzählte man sich die Geschichte vom Fuchs und dem kleinen Jungen.

Niemals wieder aber hat ein Mensch den Weg zur Höhle der Feuerfrau und ihrer zwei Töchter gefunden.

DIE KLEINE SCHWESTER
UND DER STEINRIESE

Einst, vor langer Zeit, lebte im Land der großen Wälder ein Mädchen, das drei ältere Brüder hatte. Den Winter verbrachten die Geschwister im Dorf der Sippe. Im Frühling aber, sobald der Schnee geschmolzen war, verließen sie das Dorf und wanderten tief hinein in die Wälder, wo es reichlich Wild zum Jagen gab. Auf einer Lichtung im Wald

bauten sie aus Baumstämmen, Ästen und Birkenrinde eine Hütte und kehrten erst wieder im Herbst zurück ins Dorf.

Jeden Morgen, Tag für Tag, gingen die drei Brüder auf die Jagd. Kamen sie am Abend heim, hatte die kleine Schwester schon das Essen für sie ge-

kocht. Nachdem alle satt waren, saßen sie rund um das Feuer, und die drei Brüder erzählten, was sie an diesem Tag erlebt hatten.

Niemand sonst, fanden die drei Brüder, konnte so gut zuhören wie die kleine Schwester. Das war ihnen gerade recht, denn sie erzählten nichts lieber als ihre Abenteuer auf der Jagd. Gab es einmal nichts Aufregendes zu berichten, dachten sie sich etwas aus, womit sie angeben konnten.

„Ihr werdet kaum glauben, was mir heute widerfahren ist", sagte an einem Abend der älteste Bruder. „Ich spürte einen Elch auf, der war so groß, dass seine Geweihschaufeln bis in die Baumwipfel hinauf ragten. Jeder an-

dere Jäger hätte die Flucht ergriffen. Ich aber blieb ganz ruhig und spannte den Bogen."

„Hast du den Elch erlegt?", fragte der zweite Bruder.

„Nein", sagte der älteste Bruder. „Wozu? Als ich genauer hinschaute, sah ich, wie alt er war. Sein Fell war schäbig. Da ließ ich ihn am Leben."

„Mir ging es wie dir", sagte der zweite Bruder. „Nur war es kein Elch, es war eine Bärin, die war so groß, wie ich noch keine zuvor gesehen habe. Jeder andere hätte Angst gehabt – ich aber nicht!"

„Hast du sie erlegt?", fragte der jüngste der Brüder.

„Nein", sagte der zweite Bruder. „Wozu? Sie muß uralt gewesen sein und uraltes Bärenfleisch ist zäh. Das

hätte unserer kleinen Schwester nicht geschmeckt. Ich ließ die Bärin am Leben und fing statt dessen ein paar Kaninchen."

„Hört, was ich erlebt habe!", sagte der jüngste Bruder, der hinter den zwei anderen nicht zurückstehen wollte. „Ich spürte zwei Hirsche auf, sie standen nebeneinander und ästen. Da tötete ich sie – mit einem einzigen Pfeil!"

„Du hast aber nur einen Hirsch heimgebracht", sagte der älteste Bruder. „Wo ist der andere?"

„Den ließ ich im Wald zurück", sagte der jüngste Bruder. „Im Unterholz war ein Wolf, der sah so hungrig aus. Gewiß hatte er kein Glück auf der Jagd gehabt. Warum sollte er sich

nicht satt fressen dürfen, wenn wir mehr als genug Beute haben?"

„Und was hast du den ganzen Tag getan?", fragten dann die Brüder ihre kleine Schwester.

„Oh, nichts Besonderes", antwortete sie wie jedes Mal. „Ich habe essbare Wurzeln ausgegraben, ich habe Beeren und Feuerholz gesammelt und Essen für uns gekocht."

Eines Abends im Frühsommer kamen die drei Brüder ganz verstört von der Jagd heim. Diesmal erzählten sie keine Geschichten, sondern saßen stumm um das Feuer. Im Kochtopf brodelte die Fleischsuppe, aber keiner der Brüder langte zu.

Endlich sagte der Älteste, so leise, als wage er nicht laut zu sprechen: „Ich habe oben in den Hügeln eine Spur entdeckt. Sie glich der Spur eines Menschen, nur war sie riesengroß. So groß kann kein Mensch sein."

„Ich habe eine solche Spur auch gesehen, unten im Tal", sagte der zweite Bruder ebenso leise.

Und der jüngste Bruder flüsterte: „Ich habe sie auf einer Waldwiese gesehen!"

Das Feuer brannte nieder, Schatten erfüllten die Hütte. Die kleine Schwester legte Reisig auf die Glut, die Flammen leckten daran hoch und warfen tanzende Lichter auf die Hüttenwände.

„Brüder", sagte der Älteste, „eine Spur, wie ich sie zu sehen vermeinte, gibt es nicht. Die Sonne war schon untergegangen, als ich sie entdeckte. In der Dämmerung sieht alles anders aus als am Tag. Man kann sich leicht täuschen. Es war nur eine Bärenspur!"

„So ist es", sagte der zweite Bruder, „im Zwielicht meint man oft, die merkwürdigsten Dinge zu sehen. Wenn ich es recht bedenke, waren es die Pfotenabdrücke eines Bären."

„Nur das kann es gewesen sein", sagte der jüngste Bruder.

„Da haben wir uns einen schönen Schrecken einjagen lassen", sagte der älteste Bruder. „Wegen nichts und wieder nichts."

„Ja", sagten die zwei anderen. „Dabei war es bloß ein Bär!" Dann ließen sie sich das Essen schmecken, streckten sich auf ihrem Felllager aus und schliefen ein.

Nur noch die kleine Schwester war wach. Sie blieb am Feuer sitzen und schaute in die langsam verlöschende Glut. Auch sie hatte die rätselhafte Spur gesehen – und gar nicht weit weg von der Hütte. Kein Pfotenabdruck eines Bären war so riesig!

Weil die kleine Schwester immer gut zuhorchte, wenn im Dorf Geschichten erzählt wurden, wusste sie, dass es nur die Spur eines Steinriesen gewesen sein konnte. Steinriesen waren Ungeheuer, die hoch oben im Norden lebten und Menschenfleisch aßen. Manchmal, so hieß es, kam einer von ihnen in das Land der Wälder, und nicht einmal die stärksten Männer wagten es, sich ihm in den Weg zu stellen. „Ich weiß, was ich tun muss", dachte die kleine Schwester.

Am nächsten Morgen verließen die Brüder die Hütte und gingen auf die Jagd. Sie scherzten und lachten noch immer darüber, dass sie sich von einer Bärenspur Angst einjagen hatten lassen.

An diesem Tag suchte die kleine Schwester nicht nach Beeren, Wurzeln und Feuerholz. Sobald die Brüder fort waren, schlug sie die Türklappe aus Birkenrinde zurück und legte den Boden der Hütte mit Bärenfellen aus. Dann stellte sie den Topf aufs Feuer und kochte eine Suppe aus Fleischbrocken, Beeren und Kräutern.

Als alles getan war, setzte sich die kleine Schwester ans Feuer, horchte und wartete. Sie brauchte nicht lange zu warten. Schon bald danach hörte sie schwere, stampfende Schritte. Der Erdboden zitterte und die Hüttenwände bebten.

Die kleine Schwester saß noch immer still da und rührte sich nicht. Die Schritte kamen näher und näher und hielten vor der Hütte an. Durch die offene Tür erblickte sie den Schatten von jemandem, der riesengroß sein musste.

Jetzt begann die kleine Schwester zu sprechen. „Großvater", sagte sie, „wie schön, dass du zu uns gekommen bist!"

Der Steinriese streckte den Kopf mit dem verfilzten Zottelhaarschopf zur Tür herein. Er war furchterregend anzusehen mit seinem klaffenden Maul, den bleckenden Zähnen und den flackernden Augen. Aber wenn die kleine Schwester Angst hatte, so zeigte sie es nicht.

„Komm herein zu mir, Großvater", sagte sie.

Der Steinriese glotzte verblüfft. „Was hast du gesagt?", grollte er. „Hast du Großvater gesagt?"

„Das habe ich", sagte die kleine Schwester. „Weißt du nicht, dass ich deine Enkeltochter bin?"

„Nein", stotterte der Steinriese. „Das habe ich nicht gewusst."

„Jetzt weißt du es", sagte die kleine Schwester. „Ich bin froh, dass du da bist. Ich habe eine gute Fleischsuppe für dich gekocht."

Der Steinriese schnupperte. Ein würziger Duft stieg ihm in die Nase.

„Eigentlich wollte ich dich fressen", murrte er, „wenn du aber meine Enkeltochter bist, darf ich es wohl nicht tun."

„Nein, das darfst du nicht", sagte die kleine Schwester. „Iss jetzt die Suppe und lass es dir schmecken."

Der Steinriese schob Schultern und Arme durch die Tür, packte mit seinen klobigen Händen den Topf und schlürfte ihn schmatzend leer.

„Schmeckt gut", sagte er, „aber satt macht es nicht." Und er schaute die kleine Schwester begehrlich an, als wollte er auch sie – wie die Suppe – hinunterschlucken.

Wenn die kleine Schwester Angst hatte, ließ sie es sich wieder nicht anmerken. „Großvater", sagte sie, „nach dem langen Weg musst du müde sein. Ich habe ein Lager aus Bärenfellen für dich vorbereitet. Leg dich nieder und ruh dich aus!"

Der Steinriese zwängte seinen gewaltigen Körper durch die Tür und streckte sich auf den Bärenfellen aus. „So weich habe ich noch nie gelegen", grunzte er und räkelte sich so ungestüm, dass die Hütte beinahe zusammengefallen wäre.

„Schlaf jetzt!", befahl die kleine Schwester. „Das wird dir gut tun."

„Ja", murmelte der Steinriese. „Das wird mir gut tun. Ich bin wirklich müde."

Die kleine Schwester lächelte, ging aus der Hütte, machte die Türklappe zu und setzte sich davor nieder.

Als es Abend wurde, kamen die drei Brüder von der Jagd heim. Schon von weitem riefen sie der kleinen Schwester zu, wie erfolgreich sie gewesen waren.

„Ich habe einen Hirsch erlegt, kleine Schwester", rief der Älteste.

„Schau, was ich habe!", rief der zweite Bruder und schwenkte ein paar Kaninchen.

„Ich habe dir fette Gänse mitgebracht", sagte der Jüngste.

Dann erzählten sie, wohin sie gegangen waren und wie sie die Beute aufgespürt und sich angeschlichen hatten. Nachdem alles berichtet war, fragten die Brüder: „Und was hast du erlebt, kleine Schwester?"

„Oh, nichts Besonderes", antwortete sie. „Ich habe eine Fleischsuppe gekocht und unseren Großvater zum Essen eingeladen."

„Unser Großvater ist hier?", fragten die drei Brüder erstaunt.

„Ja", sagte die kleine Schwester. „Er schläft in der Hütte, denn nach dem weiten Weg war er müde. Ich werde ihn jetzt wecken. Zuerst aber müsst ihr mir versprechen, ihn freundlich zu begrüßen."

Die drei Brüder wunderten sich über diese Bitte. „Warum sollen wir es dir versprechen?", fragten sie. „Haben wir unseren Großvater nicht immer freundlich begrüßt?"

„Dann tut es auch diesmal", sagte die kleine Schwester. Sie öffnete die Türklappe und rief: „Wach auf, Großvater! Deine Enkelsöhne sind gekommen und möchten dich begrüßen."

Drinnen in der Hütte schnaufte es gewaltig. Die Wände wackelten und gleich darauf streckte der Steinriese den Kopf aus der Tür. Die drei Brüder meinten, das Herz bliebe ihnen stehen, sie konnten kein Glied rühren und brachten kein Wort heraus.

„Wollt ihr nicht euren Großvater begrüßen?", sagte die kleine Schwester.

„D-as w-wollen w-wir ja tun", stammelten die drei Brüder. Dann nahmen sie all ihren Mut zusammen und sagten: „Wir freuen uns, dass du gekommen bist, Großvater."

Der Steinriese schob Schultern und Arme durch die Tür und kratzte sich das Zottelhaar. „Ich wusste nicht, dass ich Verwandte habe", sagte er. „Jetzt habe ich eine Enkeltochter und drei Enkelsöhne noch dazu. Wer hätte das geglaubt!"

Er zwängte sich aus der Hütte, richtete sich auf, stand da in seiner vollen Größe und glotzte auf die drei Brüder hinab. Und wie er sie anglotzte, trat ein begehrlicher Ausdruck in seine Augen.

„Großvater", sagte die kleine Schwester und zeigte auf die Jagdbeute, „sieh nur, was deine Enkelsöhne dir mitgebracht haben!"

„Mmm", sagte der Steinriese. „Ich sehe, ihr habt daran gedacht, dass ich immer hungrig bin."

Er stopfte sich zuerst die Kaninchen ins Maul und dann die fetten Gänse. Zu guter Letzt verschlang er den Hirsch samt Geweih, Haut und Knochen.

„Gar nicht so übel, wenn man Enkelkinder hat", sagte er und strich sich zufrieden den Bauch. „Jetzt bin ich endlich satt."

„Ja, du bist satt", sagte die kleine Schwester, „aber wir haben nichts zu essen."

„Das hättest du früher sagen sollen", grollte der Steinriese. „Macht aber nichts! Ich gehe eben für euch auf die Jagd. Bin gleich wieder da!"

Der Steinriese stürmte los, stürmte durchs Dickicht, dass es nur so prasselte und rauschte. Standen ihm Bäume im Weg, riss er sie einfach aus.

Die Brüder starrten ihm nach. „Ist das nicht ein Steinriese?", flüsterten sie.

„Ja", sagte die kleine Schwester, „es ist ein Steinriese. Er wollte uns fressen, aber jetzt wird er es nicht mehr tun."

Es dauerte nicht lange und der Steinriese kam mit einem erlegten Elch zurück. Die kleine Schwester und die drei Brüder rösteten das Fleisch über dem Feuer und aßen sich satt. Was übrig blieb – und das war nicht wenig – vertilgte der Steinriese. Für ihn waren es schließlich nur ein paar Happen.

Von diesem Tag an blieb der Steinriese bei den Geschwistern im Wald. Gemeinsam mit den drei Brüdern baute er eine Hütte, die groß genug für ihn war. Er ging mit ihnen auf die Jagd und allmählich verloren die drei Brüder jede Angst vor ihm. Mit der Zeit war ihnen, als sei er wirklich ihr Großvater und sie vergaßen, dass er ein Ungeheuer war. Noch nie zuvor hatten sie so reichlich Beute gemacht. In der Hütte stapelten sich die Felle. Die drei Brüder freuten sich schon darauf, wenn sie den großen Vorrat an Trockenfleisch mit den Menschen im Dorf teilen konnten.

Der Sommer verging, es wurde Herbst. Die Nächte waren kalt, am Morgen lag Reif auf den Waldwiesen. Das Laub verfärbte sich, immer mehr bunte Blätter hingen an den Zweigen. Die Zeit war nahe, da die Geschwister ins Dorf zurückkehren mussten.

An einem dieser Herbsttage begleitete der Steinriese die Brüder nicht auf die Jagd, er blieb bei der kleinen Schwester und saß mit ihr vor der Hütte.

„Jetzt müssen wir bald Abschied nehmen", sagte der Steinriese.

„Ja", sagte die kleine Schwester. „Ich werde dich vermissen."

„Ich dich auch", sagte der Steinriese. „Ich möchte gern mit dir gehen, aber die Menschen in eurem Dorf haben bestimmt Angst vor mir. Und wenn ich soviel Menschen auf einmal sehe, wer weiß, was dann geschieht. Ich könnte mich vergessen …"

„Gibt es keine Hilfe?", fragte die kleine Schwester.

„Vielleicht", sagte der Steinriese. „Ich will es versuchen. Versprechen kann ich aber nichts."

Am nächsten Morgen bat der Steinriese die drei Brüder, ein großes Feuer anzuzünden und Steine in der Glut zu erhitzen.

Dann setzte er sich in die Hütte. Die Brüder rollten die rotglühenden Steine hinein und gossen Wasser darüber. Als der Dampf dicht aufstieg, traten sie ins Freie hinaus und schlossen die Tür.

Nach einer Weile rief der Steinriese: „Es ist noch nicht heiß genug!"

Wieder und wieder erhitzten die Brüder Steine, aber erst beim vierten Mal sagte der Steinriese: „Jetzt ist es heiß genug!"

Die kleine Schwester und die drei Brüder setzten sich neben das Feuer und warteten. Sie warteten lange. In der Hütte war es ganz still. Dampf quoll aus den Ritzen.

„Großvater", rief die kleine Schwester besorgt, „geht es dir gut?"

63

„So gut wie noch nie", antwortete eine Stimme, die nicht mehr rau und laut war, sondern schwach wie eine Greisenstimme. „Mach die Tür auf, Enkeltochter!"

Die kleine Schwester öffnete die Türklappe und heraus kam nicht der Steinriese, sondern ein alter Mann. Sein Haar war weiß und er hatte ein freundliches Faltengesicht.

„Großvater", rief die kleine Schwester, „du bist ein Mensch geworden!"

„Ja", sagte der alte Mann. „Ich muss nur noch eines tun." Er hustete einen großen Stein aus. „Das war mein Herz. Werft es ins Feuer, dann darf ich für immer ein Mensch bleiben."

Die drei Brüder wagten nicht, das Herz aus Stein anzurühren, aber die kleine Schwester nahm es und warf es ins Feuer. In der Gluthitze der Flammen zersprang das Herz aus Stein und nicht ein Stückchen davon fand sich in der Asche, nachdem das Feuer erloschen war.

Als die kleine Schwester und die drei Brüder mit ihrem Großvater durch den herbstlich bunten Wald zurück ins Dorf wanderten, waren alle glücklich. Am glücklichsten aber war der Steinriese, der kein Ungeheuer mehr war, sondern ein Mensch.

LACHSJUNGE

Jahr für Jahr, immer zur selben Zeit, kehren die Lachse von ihrer geheimnisvollen Reise im Meer zurück zu den Flüssen, woher sie stammen, und schwimmen stromaufwärts, über alle Hindernisse hinweg, zu den Laichplätzen im Quellgebiet. Jahr für Jahr, immer zur selben Zeit, warteten einst die Menschen im Land des Nordwestens mit Netzen und Fischspeeren auf den Zug der Lachse. Sie achteten sorgfältig darauf, alles zu verwerten und nichts zu verschwenden. Was sie vom reichen Fang nicht gleich aßen, trockneten sie in der Sonne als Vorrat für den Winter.

Einmal, als schon viele Monate seit dem Zug der Lachse vergangen waren, hatten die Bewohner in einem der Indianerdörfer an der Küste fast alle Vorräte aufgebraucht. Die wenigen Dörrlachse, die sie noch besaßen, waren verschrumpelt und waren unansehnlich geworden.

„Ich bin hungrig", sagte damals ein Junge zu seiner Mutter.

Alles, was seine Mutter ihm geben konnte, war einer der Dörrfische aus dem spärlichen Vorrat.

„So einen Schrumpellachs esse ich nicht!", rief der Junge und warf den gedörrten Fisch achtlos fort. „Da fang ich mir lieber eine Möwe!"

Er holte seine Fangleine, band sie am Handgelenk fest und lief ans Ufer des Meeres, wo Schwärme von Möwen kreischend umherflatterten. Der Junge suchte eine Krabbe als Köder und warf die Leine aus, dreimal ohne Erfolg. Die Möwen schnappten nicht danach. Beim vierten Versuch kam eine riesige Möwe angeflogen, packte den Köder und riss den Jungen mit kräftigen Flügelschlägen ins Wasser.

Die Leine an seinem Handgelenk war so straff gespannt, dass er sie nicht lösen konnte. So sehr er sich auch wehrte, es nützte ihm nichts, die Riesenmöwe zog ihn hinaus aufs offene Meer. Er rief um Hilfe, aber keiner aus dem Dorf war am Ufer, niemand war da, der seine Rufe hörte.

Endlich ließ die Möwe den Köder los, flog hinauf in den Himmel und verschwand. Rund um den Jungen war nur Wasser, die Küste in der Ferne war kaum noch auszunehmen. Der Junge wollte zurückschwimmen, aber es gelang ihm nicht, er kämpfte vergeblich gegen die starke Strömung an, die ihn immer weiter aufs Meer hinaustrug. Schließlich war er so erschöpft, dass er nicht mehr weiterschwimmen konnte, er versank im Wasser, sank tiefer und tiefer.

Als der Junge schon glaubte, sterben zu müssen, kam ein Kanu auf ihn zu, in dem seltsame Wesen saßen. Sie trugen Gewänder, die so hell glänzten wie die Schuppen von Fischen und waren anders als alle Geschöpfe, die er kannte. „Schrumpeljunge", riefen sie und zogen ihn ins Kanu, „komm mit uns!"

Die seltsamen Wesen – das wusste der Junge aber nicht – waren Geister von Lachsen, die auf dem langen Weg zu den Laichplätzen ihr Leben gelassen hatten. Manche waren vor Erschöpfung gestorben, andere hatten den Menschen, den Vierfüßern und den Geflügelten als Nahrung gedient.

Die Lachsgeister brachten den Jungen in ihr Dorf am Meeresgrund. Alles war dort unten wie es auch oben auf dem festen Land war, nur war das Dorf rundum von Wasser eingeschlossen. Die Hütten glichen den Hütten der Indianer, auch Bäume und Büsche wuchsen hier. Der Junge blickte staunend um sich und meinte zu träumen. Viele der seltsamen Wesen in ihren wie Schuppen schimmernden Gewändern kamen herbei und begrüßten ihn freundlich.

Sie führten ihn im Dorf umher, von einer Hütte zur anderen. Bald verlor er jede Scheu und weil er, seitdem er den verschrumpelten Lachs fortgeworfen hatte, noch hungriger

geworden war, schaute er nach Essbarem aus. In keiner der Hütten waren aber irgendwelche Vorräte.

„Gefällt es dir bei uns?", fragten die Lachsgeister.

„Mir gefällt es gut", antwortete der Junge. „Ich bin nur so hungrig! Habt ihr nichts zu essen?"

Die seltsamen Wesen lachten. „Geh aus dem Dorf", sagten sie, „geh immer weiter, bis du einen von uns triffst. Fordere ihn zum Ringkampf auf. Sobald es dir gelingt, ihn auf den Boden zu werfen, wird etwas vor dir liegen, das du essen kannst. Zünde ein Feuer an und iss dich satt. Verschwende nichts, was übrig bleibt, wirf ins Feuer. Wenn du zurückkommst, wartet eine Überraschung auf dich."

Der Junge bedankte sich für den Rat und verließ das Dorf. Nachdem er eine Weile gegangen war, begegnete er einem der seltsamen Wesen.

„Schrumpeljunge", sagte der Lachsgeist, „nun werden wir sehen, wer stärker ist, du oder ich."

Daheim im Dorf an der Meeresküste hatte der Junge oft seine Kräfte mit anderen Jungen im Ringkampf erprobt, aber dieser Gegner entschlüpfte ihm immer wieder, er konnte ihn nicht fassen und festhalten. Als es ihm endlich doch gelang, das seltsame Wesen zu packen und auf

den Boden zu werfen, war es im selben Augenblick verschwunden. Vor dem Jungen aber lag ein rot getupfter, silbrig glänzender Lachs.

Der Junge sammelte Reisig und zündete ein Feuer an, wie ihm aufgetragen worden war. Dann briet er den Lachs und aß ihn. Nachher sammelte er ein, was von der Mahlzeit übrig geblieben war, warf es ins Feuer und lief zurück ins Dorf. Jetzt wollte er wissen, was für eine Überraschung ihn dort erwartete! In der Eile hatte er aber ein paar der Gräten übersehen.

Als er ins Dorf kam, traute er seinen Augen nicht. Vor einer der Hütten stand das seltsame Wesen, das nach dem Ringkampf verschwunden war oder sich in einen Lachs verwandelt hatte; es stand gekrümmt da, schien große Schmerzen zu haben und schaute ihn vorwurfsvoll an.

Da begriff der Junge, was geschehen war und was all das bedeutete. Er rannte zur Feuerstelle, legte Reisig auf die glosende Glut, blies die Flammen an und verbrannte die Gräten, die noch herumlagen. Und diesmal übersah er keine! Auf dem halben Weg ins Dorf kam ihm der Lachsgeist lachend entgegen, aufrecht und ohne Schmerzen.

„Schrumpeljunge", sagte der Lachsgeist, „weißt du jetzt, wer wir sind?"

„Ich weiß es", sagte der Junge. „Und ich werde nie vergessen, was ihr mich gelehrt habt."

Der Junge blieb unten auf dem Meeresgrund im Dorf der Lachsgeister. Sie erzählten ihm von ihrer lan-

gen Wanderung und all dem Wunderbaren, das sie erlebt hatten. Er wurde nicht müde, ihren Geschichten und Liedern zu lauschen, begann zu denken und zu fühlen wie sie und erinnerte sich kaum noch an seine Eltern

und an das Dorf oben an der Küste des Meeres.

Dann kam ein Tag, an dem alle Lachsgeister voll freudiger Erwartung waren. Auch den Jungen erfasste eine merkwürdige Unruhe, er lief mit ihnen aus dem Dorf.

„Sie kommen! Sie kommen!", riefen die Lachsgeister.

Der Zug der Lachse hatte begonnen. Unzählige Lachse kamen aus dem weiten Meer und schwammen zu den Flüssen, woher sie stammten.

Der Junge sah im blau leuchtenden Wasser Schwarm um Schwarm silbrig glänzender Lachse dahinschwimmen. So lange hatte er nicht an seine Eltern und an die Menschen in seinem Dorf gedacht, jetzt erinnerte er sich und wollte wieder bei ihnen sein. Er wünschte sich, er könnte schwimmen wie die Lachse, um mit ihnen zu ziehen, und streckte voller Sehnsucht die Arme aus. Da wurden die Arme zu fächelnden Flossen, sein Körper bedeckte sich mit Schuppen. Er schwamm durchs Wasser, leicht und schwerelos wie die anderen Lachse.

Der Schwarm ließ das Dorf der Lachsgeister hinter sich, schwamm weiter und weiter und erreichte die Flussmündung. Der Junge, der ein Lachs geworden war, hörte das Kreischen der Möwen, er hörte die Rufe der Dorfbewohner, die mit Fischspeeren und den an langen Stangen befestigten Fangnetzen den Zug der Lachse erwarteten. Auf einer der Uferklippen stand seine Mutter. Als sie das Fangnetz auswarf, sprang er aus dem Wasser, schnellte hoch hinauf in die Luft und ließ sich ins Netz fallen.

„Seht nur!", rief seine Mutter. „Schaut euch den schönen Lachs an, den ich gefangen habe!"

Sie holte den Lachs aus dem Netz. Als sie ihn in den Händen hielt, war es kein Lachs mehr, sondern ihr Sohn, der vor vielen Wochen verschwunden war und um den sie und alle im Dorf getrauert hatten.

Lachsjunge – so hieß er von nun an – wurde einer der besten Fischer im Dorf. Er war den Lachsen dankbar, die den Hunger der Menschen stillten, er sang Lieder zu ihren Ehren und vergeudete nichts vom reichen Fang. Alles, was die Lachsgeister ihn gelehrt hatten, behielt er in Erinnerung und er vergaß nie, dass er selber einmal ein Lachs gewesen war.

DANKSAGUNG

Ich danke Joseph Bruchac, dem Schriftsteller und Storyteller (Abenaki) für die jahrelange Freundschaft und für die Vielfalt von Anregungen, die ich von ihm durch seine Erzählkunst erhalten habe.

QUELLENANGABE

Die indianischen Völker Nordamerikas besaßen einen reichen Schatz an Geschichten. Vor allem der Winter, wenn die Natur schlief, war die Zeit des Erzählens. Manche der Geschichten berichten von historischen Ereignissen, andere weisen darauf hin, dass nicht nur derjenige Erfolg im Leben hat, der groß und stark ist. Die Indianer fühlen sich mit den Tieren verwandt und auch das spiegelt sich in ihren Märchen wider.

PFEILJUNGE UND DIE GEISTERHUNDE
Blackfoot

Die Blackfoot waren wie die Sioux/Dakota, die Cheyenne und andere Völker der Prärie ursprünglich sesshaft und pflanzten Mais und Kürbis an. Das amerikanische Urpferd war zu jener Zeit ausgestorben, es waren die Spanier, die im 16. Jahrhundert Pferde nach Nordamerika brachten. Erst das Pferd ermöglichte den Völkern der Prärie ihr ungebundenes Leben in der großen Grassteppe östlich der Rocky Mountains, den „Great Plains". Eine hoch stehende nomadische Reiterkultur entstand. Das bei uns gängige Indianerklischee geht auf diese Völker zurück. Sie waren die furchtlosen Reiter und Büffeljäger, sie benutzten das kegelförmige Zelt und trugen die prachtvollen Federhauben.

DIE KLEINE JÄGERIN
Pueblo Zuni

Die Pueblo-Indianer im Südwesten der Vereinigten Staaten errichteten ihre mehrstöckigen, terrassenförmig angelegten Häuser aus getrockneten Lehmziegeln.
Das Wort „Pueblo" kommt aus dem Spanischen und bedeutet Dorf oder kleine Stadt. Durch unermüdliche Arbeit und mit Hilfe eines selbst entwickelten Bewässerungssystems haben diese Völker im trockenen Wüstenland Mais, Kürbis, Bohnen und Melonen gepflanzt. Truthühner wurden als Haustiere gehalten, jedoch nicht als Nahrung, sondern wegen ihrer schönen Federn. Die Pueblo-Indianer waren auch geschickte Töpfer, Weber und Korbflechter. Der Türkis galt ihnen als heiliger Stein.

WIE DER FUCHS UND EIN KLEINER JUNGE DEN MENSCHEN DAS FEUER BRACHTEN
und
DIE KLEINE SCHWESTER UND DER STEINRIESE
Penobscot und Passamaquoddy, Stämme der Abenaki

Die Abenaki an der Nordostküste der Vereinigten Staaten gehören zum Kulturkreis der Waldindianer. Sie lebten in Dörfern, waren aber nicht das ganze Jahr über sesshaft, sondern zogen immer wieder zur Jagd oder zur Ernte von Wildfrüchten aus; auf kleinen Feldern pflanzten sie Mais, Kürbis und Bohnen.
Für sie hatte die Birke eine fast ebenso große Bedeutung wie der Bison für die Plains-Indianer. Aus Birkenrinde fertigten sie ihre Kanus an, sie deckten damit ihre kuppelförmigen oder zeltähnlichen, kegelförmigen Hütten. Ihre Gefäße, Behälter, Teller und Körbe stellten sie ebenfalls aus Birkenrinde her.

LACHSJUNGE
Tlingit

Wie alle Völker an der pazifischen Nordwestküste verstanden es die Tlingit, Zedernholz kunstvoll zu verarbeiten. Sie bauten Häuser und reich verzierte Kanus daraus, schnitzten Totempfähle und Masken, Truhen und Essgeräte. Auf den Totempfählen sind jene Tiere dargestellt, die als Vorfahren und Schutzgeister angesehen werden. Besonders verehrt wurde der Lachs, da er eines der Hauptnahrungsmittel der Tlingit war. Auch heute noch hat ihre Schnitzkunst hohen künstlerischen Rang.

Nach Motiven alter Indianermärchen aus Nordamerika neu erzählt.
Quellen:
„The Girl who married the Moon. Tales from Native North America", erzählt von Joseph Bruchac und Gayle Ross, Troll Medaillion, 1994
„Return of the Sun. Native American Tales from the Northeast Woodlands," Joseph Bruchac, The Crossing Press, Freedom, California, 1989
„Flying with the Eagle, Racing the Great Bear. Stories from Native North America", erzählt von Joseph Bruchac, Troll Medaillion, 1993
„Zuni Folktales", Frank Hamilton Cushing, 1901, The University of Arizona Press, Tucson und London, 1992
„American Indian Myths and Legends", ausgewählt und herausgegeben von Richard Erdoes und Alfonso Ortiz, Pantheon Fairytale and Folklore Library, Pantheon Books, New York, 1984